AF509551

SOCIÉTÉ DES AMIS DU PEUPLE RUSSE
ET DES PEUPLES ANNEXÉS

N° 1

LES

Révolutions russes

PAR

Francis de PRESSENSÉ

.

Discours prononcé le 13 avril 1905, à l'Hôtel des Sociétés Savantes.

DEUXIÈME ÉDITION

Au Siège de la Société :

24, Rue Dauphine. — PARIS (6ᵉ)

DÉCEMBRE 1905

Les Révolutions russes

I. — Pourquoi les Français s'y intéressent.

1. Notre ami Painlevé, qui a accepté de présider ce soir cette séance et qui a montré, soit dans ces affaires de Russie, soit dans d'autres graves affaires qui ont occupé la conscience française depuis quelques années, ce qu'un homme de science pouvait faire quand il voulait être en même temps un citoyen, a posé, dans des termes que je crois tout à fait justes, le problème que nous devons essayer de traiter ce soir.

2. Il vous a dit tout d'abord que nous devions rattacher l'activité de la « Société des Amis du Peuple Russe » à ces grandes manifestations qui se sont produites en France au lendemain des événements de Saint-Pétersbourg. Il vous a rappelé ce qu'avait été cette explosion d'indignation, quand, d'un bout à l'autre du pays, nous avons vu des manifestations, des meetings d'indignation se rassembler ; quand, à Paris même, nous avons pu, soit au Tivoli, soit dans d'autres lieux de réunion, dénoncer celui qu'on prétendait être notre allié et dont on voulait nous rendre les complices.

3. Mais ce n'est pas seulement à Paris, c'est dans la France entière, à Lyon, à Marseille, en particulier un jour sur trente neuf points en même temps, que ces grandes manifestations se sont produites.

4. Depuis lors, le mouvement avait paru peut-être un peu se ralentir, mais en réalité, il ne s'était point totalement amorti ; et cela, non pas parce qu'en France l'opinion publique est passionnément préoccupée à l'heure actuelle des événements de Russie, par le seul fait qu'il y a là quelque chose d'historique, de grandiose dans les événements qui se déroulent, se préparent et peuvent exercer une influence décisive sur la situation internationale, sur la situation du monde entier ; mais c'est qu'en France, nous avons des raisons plus particulières, plus personnelles et plus précises pour prendre une part spéciale à cette agitation. Ce n'est pas seulement parce que nous sommes le peuple de la Révolution, parce que nous avons jeté dans le monde la semence de cette grande agitation qui s'est propagée depuis lors, et que nous n'avons pas le droit de nous désintéresser de ce qui est, après tout, le contre coup, la conséquence des événements qui se sont déroulés en France, il y a un siècle. Nous avons une responsabilité plus spéciale encore ; c'est que depuis quelques années, les combinaisons de la politique ont fait que la France est devenue, comme on nous l'a si souvent répété, l'amie, l'alliée, non pas de la Russie, mais du tsarisme russe. C'est grâce à l'appui moral et au crédit de la France, grâce aussi aux finances, à l'épargne de la France, que le tsarisme a pu se maintenir et se jeter dans l'aventure qui amènera peut-être son terme. (*Approbation.*)

5. Si nous avons pu porter un moment cette responsabilité, nous ne voulons pas la porter jusqu'au bout, nous ne voulons être ni des complices, ni des dupes de cette politique. Nous avons eu l'occasion de la dénoncer autrefois, soit parce qu'il nous paraissait étrange qu'on eût établi ce pacte de sympathie entre deux régimes totalement incompatibles, soit aussi parce que nous avions cru devoir protester contre la façon dont, dès le début, on avait faussé cette alliance. Vous vous souvenez que le nationalisme français, le pseudo-patriotisme professionnel français, s'était emparé, dès le début, de cette alliance et qu'on nous avait représenté que c'était là un acte de générosité et de bienfaisance du tsar qui, à la France agenouillée devant lui, apportait en quelque sorte le salut, la sécurité et l'espoir de la revanche. On nous avait dit que la France, qui avait été depuis 1870 dans une situation d'isolement, dans une situation d'anxiété, d'inquiétude, de menace perpétuelle, pouvait, non pas seulement se rassurer, mais même espérer rouvrir le cycle des guerres éternelles en pratiquant la loi du talion, et en demandant à l'alliance russe la possibilité de la revanche.

6. Nous avions protesté dès ce moment contre cette interprétation qui nous semblait tout à la fois suprêmement immorale et fausse. (*Applaudissements.*) Nous avions protesté en déclarant que s'il s'était trouvé non pas seulement des publicistes et des hommes politiques pour professer ces idées, s'il s'était trouvé même des ministres pour pratiquer l'alliance dans cet esprit, ce n'était pas et ce ne pouvait pas être l'esprit dans lequel la République française l'avaient acceptée et consentait à la pratiquer. Mais nous nous étions heurtés à une espèce d'indifférence, nous n'avions pas trouvé d'écho bien profond jusqu'à présent dans l'âme populaire en France; il a fallu les événements terribles qui se sont déroulés depuis quelques mois en Russie, pour que la scène changeât brusquement. À l'heure actuelle, on ne rencontre plus officiellement des hommes qui prétendent attacher la politique de la France à la remorque de la politique russe; qui prétendent qu'il faut domestiquer, subalterniser la France, que nous devons être, en tout état de cause et toujours, les instruments de la propagande tsarienne, qui bornent l'ambition de la République à servir les combinaisons du tsar et du comte Lamsdorf, tantôt en Orient, tantôt à Constantinople, tantôt en Occident même. Nos adversaires, jusqu'à un certain point, ont commencé à ouvrir les yeux devant la leçon des événements et, par un égoïsme qui, après tout, aurait sa raison d'être en ces matières, nous n'entendons plus retentir à nos oreilles ces formules imbéciles dont on nous avait fatigués depuis longtemps, et nous nous trouvons dans un moment favorable pour nous adresser à la raison et à la conscience de la France, pour essayer de lui montrer, d'une part, le caractère historique des événements qui se déroulent à l'heure actuelle en Russie et, d'autre part, les devoirs et les obligations spéciales qui s'imposent à la France.

II. Le Despotisme russe.

7. On a souvent prétendu qu'il y avait des pays qui étaient en quelque sorte voués, par définition, par une fatalité historique et de race, à la pratique éternelle du despotisme; on avait prétendu que la Russie, que cet immense empire de 120 millions d'hommes était condamné à perpétuité à subir le tsarisme, à subir l'autocratie bureaucratique du tsarisme. Historiquement, c'était déjà une erreur et un mensonge : la Russie n'a pas différé, dans son histoire, des autres peuples de l'Europe ; elle connut d'autres voies que la voie du tsarisme autocratique et bureaucratique ; elle a lutté des siècles pour sa constitution territoriale, pour la conquête de son unité, après avoir lutté tantôt contre les bandes barbares venues de l'Orient, tantôt contre la Pologne. Quand elle n'était pas encore unifiée, pendant que son territoire était encore morcelé, il n'y avait pas seulement en elle des états féodaux dans lesquels avaient subsisté un certain nombre de demi-garanties, que le régime féodal donnait, sinon à la liberté, du moins aux privilèges de certaines classes ; il y a même eu des républiques, comme la République de Novgorod. Puis, peu à peu, l'unité s'était faite : en même temps, la main lourde du tsarisme s'était apesantie sur les libertés du pays tout entier ; quand, à la fin du dix-septième siècle, le grand corps s'était constitué, c'était en même temps l'autocratie bureaucratique qui s'était constituée. Depuis lors, ce fut une histoire qui eut ses gloires. On ne peut nier qu'au point de vue de la civilisation purement matérielle et de la grandeur territoriale, des tsars comme Pierre le Grand, des souveraines comme Catherine la Grande elle-même, ont contribué, dans une certaine mesure, à agrandir, à fortifier la position de la Russie. Mais tout cela s'était fait aux dépens de ses libertés, je dirai même aux dépens de la dignité humaine des sujets du tsarisme. C'est, en effet, un phénomène bien curieux qu'au moment où le tsarisme s'établissait, au moment où il supprimait les assemblées représentatives et consultatives qui avaient fonctionné comme nos États-Généraux, en Russie, pendant un certain temps, du même coup il établissait une institution qui n'avait pas été connue même au moment des ténèbres de la conquête orientale, courbant la population rurale tout entière sous le joug du servage, en lui arrachant même la propriété de ses terres.

8. Tous ces phénomènes sont assez récents; ils se sont passés au commencement du xviii⁰ siècle. on peut dire, comme Montesquieu, que quand on remonte dans l'histoire des nations occidentales, c'est toujours les titres de leurs libertés qu'on retrouverait à l'origine de leur histoire; de même, si l'on veut bien remonter le courant de l'histoire russe, ce sont aussi des institutions de liberté et de garanties que l'on trouve. Mais, pendant des siècles, la Russie s'était vouée exclusivement à ce qu'on lui avait représenté comme sa tâche nationale. C'avait été tout d'abord la tâche de la consolidation, puis de la conquête. Elle ne s'était pas contentée d'arracher aux nations voisines les parcelles de son territoire qui lui avaient été enlevées, elle avait voulu, elle aussi, conquérir; elle était arrivée, à la fin du xvii⁰ siècle, à étendre ses domaines, à s'emparer, non pas seulement de ces débouchés qui étaient du côté de la mer Baltique, mais de la plus grande portion de l'ancien royaume de Pologne. A partir de ce moment, on peut dire que le tsarisme a été constitué, qu'il est devenu l'institution fondamentale du gouvernement et que jamais, le peuple russe n'a pu trouver d'occasion pour conquérir une parcelle de liberté, pour jeter même au vent ses premières protestations.

III. — Le libéralisme et la politique occidentale de la Russie.

9. C'est un phénomène singulier que, quand la Russie de Catherine, de Paul. d'Alexandre, s'est jetée dans ces guerres de 25 ans de la Révolution et de l'Empire, il y a eu des phases diverses, il y a eu des années de lutte acharnée. il y a eu des années aussi de lune de miel et d'alliance entre Napoléon et Alexandre. Quand la campagne de 1812 eut lieu, et que la Russsie eut trouvé des auxiliaires parmi tous ceux qui avaient été courbés si longtemps sous le joug de l'empereur français, à ce moment, les armées russes sont arrivées jusqu'à Paris. On a pu croire que la revanche avait été le prix de la Révolution et que c'était bien la contre-révolution qui triomphait, en 1814 et en 1815, avec Alexandre, avec le souverain d'Autriche, avec Wellington, qui campa dans les rues de Paris. Mais il faut remarquer qu'il y avait un choc en retour bien singulier: quand Alexandre rentrait dans son pays, il trouvait une sourde agitation libérale dans les classes éclairées, fruit précisément de ce contact de 25 ans avec la civilisation occidentale. De sorte que, même quand il avait lutté contre elle, il fut forcé, dans son royaume de Pologne, à la suite des traités de 1815, de conférer à ses nouveaux sujets une espèce de constitutionalisme et de semi-parlementarisme. Cela ne dura pas longtemps, seize ou dix-sept ans, et encore pendant cette période, ces libertés furent constamment menacées, confisquées : mais ce n'en était pas moins un spectacle bien éloquent, pour ceux qui devaient obéir à l'autocrate de toutes les Russies à Saint-Pétersbourg et dans tout un empire, quand ils passaient la frontière et qu'ils arrivaient en Pologne de constater qu'il avait dû y reconnaître certaines libertés et pratiquer lui aussi ce régime constitutionnel qui était pourtant l'abomination de la Sainte-Alliance.

10. Quand Alexandre mourut, quand sa couronne passa non pas à celui de ses frères qui devait lui succéder par ordre de primogéniture, mais à Nicolas, désigné parce qu'on le croyait seul capable de soutenir le poids écrasant de l'autocratie, c'est à ce moment que se produisit le premier mouvement concerté de révolte, je me trompe, le premier essai de révolution, la tentative des Décabristes. Vous savez que si ces hommes furent obligés de se servir des illusions du peuple, s'ils furent forcés, quand ils demandaient une Constitution, de faire croire à leurs soldats qu'ils poussaient des vivats en l'honneur de la femme du Grand-Duc Constantin, dont le nom rappelait, dans une certaine mesure, le terme qui désignait la Constitution, ce qu'ils voulaient, eux, c'était, pour la première fois, l'application à la Russie tout entière des principes proclamés par la Déclaration des Droits de l'Homme, des principes de la Révolution française.

11. Ils furent vaincus, disséminés sur toute l'étendue de l'empire : les plus généreux d'entre eux furent fusillés, les autres enfermés dans des casemates, d'autres encore furent exilés ou envoyés au fond de la Sibérie. Mais le mouvement qui avait commencé ne s'arrêta plus. Même sous le régime de Nicolas, même sous cette toute puissance insolente qui ne se contentait pas d'exercer l'autocratie en Russie, mais qui se posait dans l'Europe entière comme le champion, comme le protecteur et le défenseur de la contre-révolution, même sous ce Nicolas qui croyait avoir une surabondance de force suffisante pour pouvoir, en 1848-49, jeter le défi, non pas seulement à la révolution chez lui, mais à la révolution au dehors, qui intervenait en Hongrie et aidait François-Joseph à rétablir son joug, à le faire peser sur la nation des Magyars, même à ce moment, en secret, je le veux bien, mais dans toutes les classes éclairées se répandaient de plus en plus les idées libérales.

12. C'est ce qui nous explique un contraste qui nous a si souvent saisis quand nous nous sommes demandé, au moment où nous voyions triompher d'une manière qu'on pouvait croire définitive le despotisme en Russie, comment il pouvait se faire que ce fût précisément de ce pays, encore dans les ténèbres du moyen âge, courbé sous le joug d'un maître tout-puissant, que vinssent un certain nombre d'impulsions profondes pour l'âme française, même pour la révolution. C'est de la que nous avons reçu l'élan imprimé, non pas seulement aux lettres françaises, mais même aux conceptions morales et politiques par des hommes comme Tolstoï, Dostoievsky et d'autres encore. Et l'explosion était d'autant plus profonde qu'elle avait pu d'autant moins, en Russie, se manifester. Si bien que lorsque éclata la guerre de Crimée, il se produisit en Russie ce qui s'était déjà produit au moment de la révolution des Décabristes.

13. Nicolas descendit au tombeau, vaincu. Il y avait déjà une antinomie réelle entre deux portions de sa politique. Il était, d'une part, non pas seulement dans son empire, mais dans l'Europe entière, dans l'Occident entier, le champion, l'incarnation du despotisme et de la contre-révolution et, d'autre part, comme il avait hérité des traditions de la politique russe qui s'est toujours préoccupée de s'ouvrir des voies libres, d'abord jusqu'à la mer Noire, puis jusqu'à l'Océan Pacifique, il avait été forcé d'exercer une sorte de protectorat sur les nationalités slaves et chrétiennes de l'Empire Turc. Bien qu'il n'eût pas marqué beaucoup d'empressement à se mettre au service de la révolution grecque, bien que, pendant des années, les héroïques insurgés de 1821 n'eussent compté que sur eux-mêmes et se fussent heurtés, non pas seulement à la mauvaise volonté de Metternich, mais de Nesselrode, il avait été cependant obligé de reconnaître le principe révolutionnaire au dehors et d'organiser ce royaume de Grèce qui n'était pas moins scandaleux pour la Sainte-Alliance et pour les traités de 1815, que pouvait l'être le Royaume de Belgique, institué en même temps. Il y avait donc un germe de contradiction dans la politique impériale elle-même et, quand Nicolas descendit au tombeau après la guerre de Crimée, il était un vaincu, lui qui s'était cru le maître de l'Europe, qui avait cru voir dans Napoléon III, dans l'homme du 2 Décembre, je ne sais quelle contrefaçon de la révolution, qui avait cru devoir lutter contre lui et qui avait voulu faire rentrer la France, comme en 1815, dans ses bornes primitives.

14. C'est alors, quand Alexandre II monta sur le trône, que le mouvement purement libéral, qui avait gardé un loyalisme constitutionnel, atteint son apogée. Il faut reconnaître qu'il y eut un effort sincère à cette époque pour donner certaines satisfactions à l'opinion, qui était devenue si puissante dans les classes éclairées, dans la bourgeoisie, dans l'aristocratie et jusqu'à la Cour elle-même. Alexandre II créa un certain nombre de Commissions chargées d'examiner les grands problèmes organiques qui se posaient à ce moment devant la Russie. A côté d'autres réformes, il y eut avant tout l'abolition du servage. C'était une grande réforme, c'était l'amende honorable du crime commis par le tsarisme au commencement du dix-septième siècle. Seulement, comme il est écrit que l'autocratie ne fera jamais que mal même une réforme qu'elle est forcée d'accomplir, on eut soin de fausser, de vicier cette réforme et, au moment où l'on donnait une liberté purement formelle, en quelque sorte vide, aux populations rurales, aux paysans, on eut soin de leur retirer une portion de la propriété des terres qui leur étaient nécessaires.

15. C'est de ce grand malentendu, c'est de cette méprise initiale qu'est née l'agitation formidable qui n'a cessé de secouer la Russie pendant tout le règne d'Alexandre II. Si pendant quelques années on put croire que les quelques gages donnés avaient suffi pour satisfaire certains esprits modérés, qui ne sont jamais dans les rangs de la révolution que quand ils y sont forcés et contraints, que quand ils ne peuvent obtenir de l'autocratie aucune satisfaction, on dut bientôt reconnaître que l'œuvre avait été mal faite, et qu'en réalité il n'y avait pas un libéral, pas un homme ne pouvant pas se contenter des formes vieillies de l'autocratie et du gouvernement à la fois imbécile et arrogant qui régnait à Saint-Pétersbourg, qui ne fût forcé de revenir, après comme avant, à la révolution.

IV. — Le Terrorisme.

16. C'est ici qu'il est nécessaire de dire le fond de notre pensée sur l'un des problèmes que l'on a le plus souvent posés devant nous à propos, soit de cette première agitation des nihilistes et des terroristes, qui s'est produite à cette époque, soit de l'agitation analogue à laquelle les partis opprimés ont dû recourir depuis lors.

17. Je le dis très nettement, je suis de ceux qui, en soi, n'aiment pas l'usage de la violence, qui réprouvent, qui haïssent la guerre entre nations, comme entre hommes. Mais en même temps je croirais être un hypocrite et un pharisien si je me permettais de juger des hommes qui ne possèdent aucune arme dans la lutte qu'ils doivent livrer, auxquels on a refusé tout autre moyen d'exprimer leur volonté, qui n'ont aucune garantie, alors que l'opinion ne peut même pas se faire connaître : point de liberté de la presse, point de liberté de réunion; pas de moyens d'agir de quelque façon que ce soit. Et alors je demande si ce n'est pas non seulement le droit, mais le devoir d'un certain nombre de héros, — car il faut les appeler ainsi, — de se jeter dans la bataille... (*Vifs applaudissements.*)

18. A ce moment donc, un certain nombre de héros se jetèrent dans la bataille. Ils n'en calculèrent pas les chances : ils savaient qu'il fallait se heurter à la toute-puissance du tsar et de la bureaucratie; ils savaient que la victoire était très lointaine et que quand bien même ils supprimeraient l'un après l'autre les tyrans à ce moment à la tête des affaires, il y avait des chances pour qu'ils trouvassent des successeurs. Mais en même temps, ils savaient que le seul moyen à ce moment de proclamer l'état de malaise profond, de souffrance intime du peuple russe, et de montrer à quel point le problème les poignait, les angoissait jusqu'au fond de leur âme, dans les entrailles mêmes de la nation, c'était de poser tragiquement le problème, de dire à l'Europe : nous ne pouvons plus vivre sous ce régime, sous ce joug. Nous, qui sommes des hommes de paix et de liberté, nous n'hésitons pas à recourir aux moyens terribles, redoutables, qui nous sont imposés par nos adversaires eux-mêmes.

19. C'est ce qu'ils firent pendant plusieurs années. Et ce qui caractérisa cette période, c'est précisément, je dirai le caractère individuel de la lutte. Il semblait qu'il y eût un certain nombre d'hommes, des intellectuels, des étudiants, des femmes, qui se posaient devant le tsarisme tout-puissant et qui lui disaient : « Jusqu'ici, et pas plus loin », qui essayaient même de le faire reculer à certains moments. Mais c'était une lutte purement individuelle. Ils trouvaient une sympathie profonde, quelquefois jusque dans les milieux mêmes où on ne se serait point attendu à la trouver. Il y a eu des cas historiques que vous connaissez tous, dans lesquels des acquittements retentissants sont venus démontrer que même sous le joug tsarien, à certains moments, l'opinion de la conscience publique pouvait se faire jour. Ces héros pouvaient ensuite, hors de Russie, continuer leur agitation, se livrer paisiblement à l'œuvre qui était la leur, sans avoir eu à expier leurs actes.

20. Mais néanmoins, alors même qu'ils aboutirent, — je vous dirai tout à l'heure dans quelles conditions et avec quels résultats, — ce qui faisait la faiblesse innée, la faiblesse nécessaire de ces hommes (je ne leur en fais pas un reproche, il était indispensable de commencer par là, ils ne pouvaient pas avoir d'autre méthode, ni d'autres moyens, et ils savaient la cause de leur faiblesse), c'est que c'était purement et simplement dans les classes éclairées, parmi les intellectuels, que cette action se propageait. Ils ne pouvaient pas trouver à ce moment d'écho dans la masse profonde du peuple. On peut dire qu'à ce moment, la Russie tout entière, la masse profonde du prolétariat s'imaginait, comme les sujets de Saint Louis en France, au treizième siècle, avoir devant soi, non pas un tsar qui représentait les classes possédantes, le capitalisme, les privilèges, l'intérêt privé, mais l'incarnation de la nation tout entière, un père, un homme juste auquel la nation pouvait s'adresser, qui lui dispenserait la Justice, comme Saint Louis le faisait, dit-on, sous le chêne de Vincennes. À ce moment, il ne pouvait y avoir que des actions individuelles, des incidents dramatiques, il ne pouvait pas y avoir une lutte continuelle et progressive, populaire et nationale, contre le tsarisme.

21. Et pourtant, que de grandes choses furent faites ! A un certain moment, après une nouvelle guerre, (car ce sont toujours les guerres qui ont marqué, en Russie, les étapes du progrès), après la guerre russo-turque de 1877, quand l'empire russe avait semblé s'endormir, s'assoupir, quand il avait paru que le faible élan vers le progrès qui, sous Milioutine, vers 1861, avait semblé s'emparer du tsar et de ses conseillers, était définitivement épuisé, c'est à ce moment que les terroristes surent réveiller l'âme nationale, rejeter dans la terreur cet homme tout-puissant forcé de se cacher, qui ne pouvait plus circuler dans son empire, qui chaque fois qu'il avait à se porter d'un point à l'autre, devait faire garder les chemins de fer par des armées tout entières, qui à un certain moment n'était plus même en sûreté dans son propre palais... Vous savez que, alors qu'Alexandre II, travaillé par un doute qui ne le lâchait pas, se demandait s'il avait agi habilement et s'il n'avait pas fait trop et trop peu pour la liberté en même temps ; vous savez que, quand Alexandre II eut confié la dictature au général Loris Melikoff, en le chargeant de préparer une solution, en le laissant libre même de donner une Constitution à la Russie, ceux qui ne croyaient pas à cette comédie, ceux qui voyaient que l'on allait tromper une fois de plus le peuple russe, crurent devoir à ce moment supprimer Alexandre II. Ils crurent qu'il était préférable d'avoir une crise de réaction en quelque sorte à ciel ouvert, une crise de réaction brutale, plutôt que de s'engager dans la comédie, dans la diplomatie de ces prétendues réformes.

V. — La réaction et l'alliance.

22. Alexandre II succomba, et c'est à ce moment que se déchaîna en Russie une réaction formidable, dont nous n'avons pas encore vu le terme. Dès l'avénement d'Alexandre III commençait le règne de cet homme, embusqué dans les ténèbres, qui n'a pas même la force d'intelligence de jouer le rôle qui lui est assigné par son abjection, Pobiedonotzeff. Cet homme, le gouverneur du tsar, qui avait formé son esprit, au lieu de lui donner les germes de libéralisme que l'on avait trouvés en Alexandre II, qui était pourtant le fils de Nicolas Ier, avait fait de lui un réactionnaire, un obscurantiste, qui ne croyait qu'à la Sainte Russie autocrate. Pobiedonotzeff prit dans le gouvernement russe une importance qu'il n'a pas perdue tout à fait, peut-être.

23. Le règne d'Alexandre III, on peut le diviser en deux périodes : la période purement réactionnaire, qui dure de son avénement jusqu'aux premières coquetteries avec la France, et puis la période du flirtage en règle avec la France, dans laquelle le tsar se découvre en écoutant la *Marseillaise*, mais ne cesse pas pour cela de pratiquer à l'intérieur son gouvernement de terrorisme et d'autocratie... La France à ce moment était parfaitement ignorante, comme elle l'est trop souvent, des choses de l'extérieur en général et des choses de la Russie en particulier. Elle ne se doutait pas de ce que représentait cette autocratie, elle ne se doutait pas surtout de la profondeur et de la puissance du mouvement interne qui agitait malgré tout le grand corps de la Russie.

24. Je me le rappelle : quand le pacte fut conclu, quand le nationalisme français, quand le patriotisme égaré des Français célébra cette illusion, célébra ce mensonge, quand on nous répétait sur tous les tons que nous avions obtenu la force indispensable pour prendre notre revanche, quand on prétendait que ce serait, avec l'alliance (alors qu'en 1870 c'était la sanction qui avait été donnée par la Russie, aux résultats de l'année terrible, qui avait permis à l'Allemagne de Bismarck d'annexer l'Alsace), quand on prétendait que ce serait également l'alliance qui nous permettrait de venger l'atteinte portée au droit, à ce moment même, quand un certain nombre de citoyens, plus avertis, déclaraient que cette idée était dangereuse pour notre politique, parce qu'on faisait glisser notre politique intérieure sur la pente du nationalisme jusqu'à l'abîme, au bord duquel nous nous sommes trouvés au moment de l'Affaire pour notre politique intérieure et pour notre politique extérieure également, on nous répondait alors que nous ne nous préoccupions pas de la sécurité de la Patrie. Et quand nous indiquions la responsabilité que nous assumions, déclarant que c'était quelque chose de grave pour un pays fondé sur le suffrage universel et issu de la révolution, que de devenir le complice et l'instrument d'une autocratie comme la Russie, on nous répondait par les injures et les calomnies que vous savez, et on croyait avoir tout dit. Il a fallu le drame qui s'est déroulé sous nos yeux depuis plus d'une année, pour qu'enfin ils fussent ouverts et pour qu'il nous fût possible de ne pas prêcher seulement dans le désert en protestant contre une pareille alliance. Il a fallu que le gouvernement russe, entraîné par une sorte de folie, se lançât dans cette guerre d'Extrême-Orient.

VI. — La guerre contre le Japon.

25. Vous en connaissez les origines plus que suspectes ; vous savez les fautes étranges commises par la diplomatie russe, comment elle s'est laissée illusionner, duper jusqu'au bout ; comment elle avait compté sur je ne sais quelle débilité dans les conseils du Japon, comment elle s'était imaginé qu'il tomberait à ses genoux et céderait à ses premières revendications. Personne d'un autre côté n'ignore la source impure de ce conflit, comment c'est une affaire qui a été engagée sur les bords du

Yalou, comment cette grande conquête de la Mandchourie avait été faite contrairement aux engagements internationaux pris, contrairement aux obligations contractées non pas seulement à l'égard de la Chine, mais de toutes les puissances européennes : comment elle a recouvert à un certain moment des spéculations louches au profit de certains grands-ducs et d'un certain nombre de leurs créatures. C'est à ce moment, quand on avait créé le vice-royaume de l'Extrême-Orient, confié à l'amiral Alexeief, qui était avec Besobrazof la créature de ce syndicat, de ce trust des grands-ducs, c'est à ce moment, quand ont commencé les désastres de l'autocratie russe, que les yeux de l'Europe se sont ouverts.

26. Il y avait quelque chose de bien significatif et de bien étrange à voir un régime césarien et militariste qui, puisqu'il confisque les libertés de la nation, devrait lui donner au moins la sécurité territoriale et nationale, à peine la lutte était-elle commencée, montrer ce qu'il y avait derrière cette façade vermoulue. On a pu voir alors tout ce qui se cache de concussion, de corruption, de faiblesse, de mensonge derrière l'autocratie russe.

27. Au premier contact, c'était la flotte japonaise qui enfermait les bâtiments russes construits à si grands frais et concentrés à Port-Arthur, où l'on avait enfermé la fortune de la Russie entière, pour les fortifications duquel on avait consacré je ne sais plus combien de milliards de roubles, — et vous savez qu'en Russie les travaux publics coûtent cher, ils coûtent extrêmement cher. Un travail comme le transsibérien ou les fortifications de Port-Arthur, on l'évalue, dans le budget de prévision, à une certaine somme qui serait déjà de nature à effrayer le contribuable s'il y pouvait jeter les yeux. Mais quand on commence l'exécution des travaux, il faut compter que ce sera toujours par des multiples de deux ou trois, qu'il faudra plus tard chiffrer le résultat de l'opération. On avait voulu consacrer un milliard de roubles à telle œuvre, il en faudra deux ou deux et demi ; et sur ces deux milliards et demi, il n'y a peut-être pas 500 millions de roubles qui aient été employés à ces travaux publics. Le reste a trouvé le chemin de la poche, soit des agents du tsarisme, soit même des princes de la famille impériale, soit aussi de certains patriotes français, qui prêchaient avec une onction extraordinaire les bienfaits de l'alliance. En effet, elle était bienfaisante pour eux. *(Rires et applaudissements.)*

28. Depuis le moment où la guerre a commencé, on peut dire que chaque étape a été marquée par des désastres nouveaux et, ce qui est plus grave, par des désastres mérités. Il n'y a pas eu seulement la part de la fortune : on a vu jusqu'où pouvait aller l'imbécillité d'un régime qui se prétend militaire ; on l'a vu ne pas savoir se défendre à Port-Arthur, sur le Yalou, rester en quelque sorte attaché, comme hypnotisé par la possession de cette forteresse, mettre tous ses œufs dans le même panier. Et quand le généralissime protestait dès juillet, quand il déclarait qu'il serait nécessaire de se concentrer plus en arrière et de ne pas s'efforcer, en divisant ses forces, d'aller au secours de Port-Arthur qui n'était pas sauvable, parce qu'il fallait agir sur l'opinion publique, tromper le peuple auquel on n'avait pas osé et auquel on n'osera jamais dire la vérité, il a été nécessaire pour lui de faire toutes ces petites expéditions qui ont abouti à autant de désastres. Enfin ça été la grande bataille de Liao-Yang, la bataille de Moukden, et à l'heure actuelle, nous savons que cette armée russe de 500,000 hommes, qui est au centre de la Mandchourie, est, je ne dirai pas seulement en retraite, mais en désordre ; cette armée ne sait plus sur quel point de concentration elle doit se retirer. On a eu beau sacrifier le malheureux Kouropatkine et mettre à sa place le général Liniévitch à la tête de cette armée en retraite perpétuelle, en réalité, il n'y a pas un coin où elle puisse s'arrêter, parce que les Japonais ne s'arrêteront que quand ils considèreront qu'il est de leur intérêt de ne pas aller plus loin. (*Approbation.*)

29. Telle est actuellement, pour ne la retracer qu'à grands traits, la situation militaire de la Russie en Extrême-Orient. Et que s'est-il passé à l'intérieur pendant ce temps ? Au premier moment, comme il est naturel et légitime, l'opinion publique, mal renseignée, s'était abandonnée exclusivement à ce patriotisme qui se déchaîne si volontiers au commencement des guerres de ce genre. Il y en a parmi nous qui peuvent se souvenir de ce que c'était en 1870 que le patriotisme des blouses blanches et à quoi on était exposé lorsqu'on protestait contre la folie de la déclaration de guerre. En Russie, de même, pendant un certain temps, on aurait pu croire que toutes les revendications libérales étaient éteintes et qu'on ne songeait plus qu'à assurer la victoire en Extrême-Orient. Mais l'opinion, je m'en félicite, changea bientôt : elle comprit où étaient les responsabilités, elle comprit ce que c'est que d'être gouverné par un homme qui peut tout et qui ne sait rien vouloir, par un homme qui veut être tout puissant et qui est affligé de je ne sais qu'elle débilité de volonté qui correspond presque à une maladie mentale.

VII. — La Révolution actuelle.

30. A ce moment, la Russie entière comprit que même au point de vue du patriotisme la question essentielle, pour elle, c'était la question des responsabilités, de savoir qui avait préparé cette guerre, qui la menait, qui avait commencé tous ces attentats contre les intérêts de l'Empire russe. C'est à ce moment qu'a commencé ce grand mouvement libéral sur lequel c'est ma tâche particulière de vous renseigner ce soir. Je dois dire que ce grand mouvement libéral, qui fut en quelque sorte le fruit de la question des responsabilités, quand elle commença à se poser devant la conscience du peuple russe, il n'aurait pas pu se déchaîner, comme il l'a fait, et ce grand courant n'aurait pas pu porter les résultats qu'il a déjà portés, s'il ne s'était pas trouvé un homme pour supprimer de Plewhe, celui qui avait été l'instrument du despotisme tsarien dans les dernières années, qui avait essayé de semer la zizanie dans les rangs des révolutionnaires... (*Applaudissements.*)

31. Je disais, citoyens, que ce grand mouvement libéral, qui est la continuation du mouvement des décabristes, des nihilistes, des terroristes de 1882, n'aurait pas pu se déchaîner comme il l'a fait et remporter les succès qu'il a remportés, n'aurait pu exercer l'action qu'il a exercée sur les classes conservatrices, s'il ne s'était pas trouvé un homme pour supprimer le mauvais génie du tsarisme, le criminel qui, après avoir débuté jadis dans les rangs des quasi-révolutionnaires, s'était tourné ensuite du côté du soleil et avait joué le rôle néfaste d'un agent provocateur dans tous les événements qui s'étaient déroulés... Mais de Plehwe succombe. Il ne s'est pas trouvé une voix en Europe pour dire qu'il n'était pas la victime d'un acte juste, d'un acte nécessaire. Ceux qui ont lu la défense admirable de Sasonoff, dans laquelle il a rendu compte de l'évolution par laquelle il avait passé, savent que, longtemps indifférent à la politique, il fut ensuite un simple libéral, un simple constitutionnel, comment il en était venu à envisager que, dans la situation faite à la Russie, c'était son droit et c'était son devoir de jouer, de sacrifier sa vie en frappant au cœur un des pires agents du despotisme. (*Applaudissements.*) A partir de ce moment, on peut dire qu'un lourd poids a été enlevé, un cauchemar a été dissipé sur la Russie entière. C'est à ce moment que nous avons assisté à ces curieuses tentatives de semi-libéralisme auquel restera attaché le nom du nouveau ministre, le prince Sviatopol Mirsky.

32. On l'avait fait venir, parce qu'il avait eu des relations plutôt faciles et conciliantes avec les éléments avancés des régions où il avait gouverné ; on croyait qu'il arrivait avec un plan tout fait, avec un programme. Il y avait des esprits facilement illusionnés qui s'imaginaient qu'il pourrait être le Necker de la révolution russe, qu'il pourrait sinon l'accomplir, du moins préparer ses premières étapes, la mener, lui conférer pendant les premiers pas un caractère pacifique.

33. Vous savez tous, citoyens, ce qui s'est passé. Le prince Sviatopol Mirsky a voulu consulter les zemtsvos. Il y avait longtemps que ces assemblées provinciales se plaignaient du joug où on les tenait. On avait prétendu leur donner une espèce de self-government ; on avait cité l'exemple de l'Angleterre et de ses gouvernements locaux. Mais bientôt, on avait reconnu la réalité : on avait cherché à enfermer ces

corps dans les limites les plus étroites; on avait essayé de leur
discuter leurs prérogatives les plus essentielles; l'été dernier, quand
ils avaient voulu s'occuper de collectes à faire dans toute la Russie,
pour les blessés de la guerre de Mandchourie, on le leur inter-
dit, leur disant que c'était une initiative dangereuse, parce qu'ils
mettaient ainsi le pied sur le terrain de la politique, leur permet-
tant seulement de s'occuper de questions de préséance et des visites à
rendre aux gouverneurs (*Rires*). C'est à ce moment que ces hommes,
qui ne représentent pas les éléments avancés, mais seulement une partie
de l'aristocratie terrienne et foncière et certains éléments ruraux proprement dits, ont aperçu la nécessité, pour eux, pour l'empire de Russie,
de constituer enfin un organisme de contrôle au sein de l'empire. Il n'y
a rien eu de plus intéressant, de plus significatif que ce grand mouvement pendant toute l'année dernière quand, dans tous les chefs-lieux
des provinces, les zemtsvos se rassemblant votaient des adresses dans
lesquelles ils formulaient, respectueusement, mais fermement, leurs
revendications contre le tsarisme. Cela rappelait ce qui s'était passé dans
les états provinciaux de la vieille France à la veille de la Révolution.
Nous avons pu croire que l'exemple serait suivi jusqu'au bout et que
nous assisterions à une assemblée des notables qui préparait des états-
généraux et la révolution entière. Mais il n'en fut rien. On fit venir de
Saint-Pétersbourg un certain nombre des représentants des zemtzvos.
Ce fut l'incohérence dans les conseils du gouvernement; on ne savait
pas si on leur permettrait de se rassembler, de délibérer. Un jour, on
les autorisait à se réunir chez l'un d'entre eux, un autre jour, on leur
interdisait de se trouver plus de deux ou trois ensemble et de s'occuper
de politique. Malgré toutes ces entraves et ces difficultés, ceux d'entre
eux qui véritablement incarnaient l'âme du peuple russe, qui sentaient
la gravité tragique de la situation, finirent par se mettre d'accord sur un
programme qui était essentiellement modéré, sur un programme qui ne
bouleversait rien, mais qui n'en demandait pas moins au tsarisme des
réformes que le tsarisme ne peut pas accorder. C'est ce qui se passa. On
commença par essayer d'user de bonnes paroles, de promesses vagues à
lointaine échéance, on lança de lettres de change que l'on signe et
que l'on ne paye jamais. (*Rires*).

34. Ce fut le moment où le tsar, après avoir, en quelque sorte flirté
avec les représentants de la révolution conservatrice et modérée, lança ce
fameux rescrit qui passa à ce moment, auprès de certaines personnes,
pour une idée géniale. Il semblait qu'il eût trouvé le moyen d'ajourner
à tout jamais la révolution et de consolider à tout jamais l'autocratie,
au moment même où elle donnait le spectacle de toute son impuissance. Je veux parler du rescrit dans lequel, tout en se taisant
en réalité sur toutes les réformes proprement politiques qui étaient

les revendications primordiales, à ce moment, de la Russie entière, on essayait de créer je ne sais quelle diversion semi-démagogique jusqu'au bout de laquelle on n'osa pas aller. Un certain nombre de conseillers avaient fait croire au tsar que s'il faisait passer devant les yeux de certaines classes de la population de l'Empire le mirage de certaines promesses spéciales à elles, il pourrait les détacher de la cause commune ; qu'on pourrait promettre aux paysans certaines satisfactions que l'on se réservait le droit de leur accorder ou non : on pouvait promettre aux ouvriers certaines satisfactions que, bien sûrement, on ne leur accorderait jamais ; mais quand l'œuvre de désunion aurait été faite, quand on aurait creusé un abîme entre le libéralisme bourgeois et les aspirations des classes prolétariennes et rurales, le tour aurait été joué et l'autocratie aurait été reconstituée.

35. Ce fut la politique à laquelle le prince Mirsky, je ne sais si c'est délibérément ou par force, a fini par se résigner. Pendant des mois, on se contenta, dans des rescrits, de déclarer qu'on allait constituer la commission X ou la commission Y pour examiner telle ou telle réforme : on nommait des commissions de toutes parts à chaque ministère. Ces commissions se rassemblaient chaque jour et rien ne sortait de tout cet atelier.

VIII. — Le prolétariat industriel.

36. C'est à ce moment qu'intervint, heureusement, dans l'histoire des prodromes de la révolution russe, un facteur nouveau, essentiel.

37. Quand M. Witte, de 1894 à 1903, créa avec la précipitation que vous savez la grande industrie russe, quand il voulut moderniser son pays, s'imaginant qu'on pouvait transplanter tous les procédés du capitalisme industriel moderne dans un empire qui, par ailleurs, resterait dans l'état du moyen âge, qui demeurerait le royaume de Saint-Louis, il ne savait pas quelle œuvre il faisait, il ne savait pas ce qu'il préparait et que ce serait précisément de tout ce qu'il avait fait pendant toutes ces années que sortirait peut-être la solution, la délivrance pour la liberté et la révolution russes. Il ne s'en doutait pas : il avait voulu, au point de vue matériel, développer les richesses et les ressources de la Russie ; il savait que ce grand territoire, qui comprend une immense portion du monde entier, plus grande que toute l'Europe, et d'autres continents avec elle, il s'imaginait qu'il pourrait mettre en valeur ces ressources, donner à l'autocratie une puissance nouvelle, qu'il pourrait lui ouvrir une source inépuisable de milliards et que, quand il aurait fait cette œuvre, l'autocratie resterait ce qu'elle avait été, que le gouvernement autocratique pourrait gouverner, comme il l'avait toujours fait, les affaires du peuple russe.

38. Mais dès la troisième ou la quatrième année de son entreprise, il
s'aperçut qu'il avait posé infiniment plus de problèmes qu'il n'en avait
résolus : il s'aperçut qu'il avait singulièrement hâté l'avènement de la
question sociale, et c'est alors qu'il conçut l'idée de détourner le mouvement, de le canaliser, de l'emprisonner en lançant dans les masses
ouvrières des agents provocateurs. Il s'agissait de faire une espèce de
socialisme d'État impérialiste, de toute sûreté ; il s'agissait de choisir des
hommes qui seraient capables de se rendre dans les milieux ouvriers, de
se rendre populaires parmi leurs frères de travail, qui représenteraient le
tsar comme leur défenseur né, qui pouvait exercer la protection nécessaire contre la bourgeoisie.

39. Il y a eu un certain nombre d'hommes qui ont consenti à se livrer à
cette sale besogne. Mais M. Witte s'est dupé lui-même : il s'est trouvé
qu'il y a eu aussi un certain nombre de Russes qui ont compris l'usage
qu'ils pouvaient faire de cette arme empoisonnée, et là où M. Witte
avait pensé envoyer des agents provocateurs, il s'est trouvé qu'il avait
envoyé des apôtres et des missionnaires du véritable socialisme, qui tra-
vaillaient précisément à l'ombre de la police, qui faisaient des rapports
probablement assez mensongers, tout en préparant dans l'ombre, soit
les grèves nécessaires sur certains points, soit le mouvement politique
indispensable, mais qui ne pouvaient pas s'imaginer à ce moment que
le cours des événements faciliterait leur besogne, comme il l'a fait depuis
un an.

40. M. Witte sentit le danger ; à un moment donné, il comprit qu'il
fallait arrêter les frais, cesser de jeter à pleines mains les germes de
l'agitation, qu'il savait bien comment cela avait commencé, mais qu'il
ne pouvait savoir comment cela finirait.

41. Seulement, il n'était plus possible d'arrêter le mouvement ; quand
bien même la guerre n'aurait pas éclaté, quand bien même les habitants
des villages n'auraient pas vu que cette conscription extraordinaire, que
cette mobilisation surprenante se faisait toute à leur détriment et que
l'on envoyait là-bas, en Mandchourie, d'où l'on ne revient jamais, les
malheureux fils des paysans en ménageant les fils du châtelain et ceux
qui appartenaient aux classes possédantes, quand bien même les
ouvriers n'auraient pas ressenti le contre-coup économique de cette
guerre qui, très naturellement, frappait toutes les transactions et toutes
les opérations industrielles, on peut compter que l'œuvre de M. Witte
aurait porté ses fruits et que la Russie se serait trouvée en présence d'un
capitalisme hâtif, d'une plante de serre chaude, et non pas seulement en
présence d'un industrialisme développé, mais d'un système prolétarien
bien organisé. C'est ce qui s'est produit au moment où la bourgeoisie,
les avocats, les professeurs, les médecins se sont jetés à corps perdu

dans l'agitation libérale, an moment où cette agitation libérale a gagné jusqu'aux classes aristocratiques, jusqu'à la Cour elle-même.

42. C'est alors que nous avons assisté au mouvement qui se produisit parallèlement, au mouvement qui a produit les journées inoubliables de Saint-Pétersbourg.

IX. — Les massacres.

43. Je ne vous retracerai pas les grèves de janvier, tout d'abord dans les ateliers d'une grande maison, la maison Poutilov, enfin, dans la plupart des maisons industrielles de Vassili Ostroff et dans un grand nombre de cités, soit dans la Pologne, soit dans la Russie proprement dite. Il n'est personne parmi nous qui ne se souvienne de ces journées de la seconde semaine de janvier dans lesquelles on se demandait si la révolution sociale allait éclater à Saint-Pétersbourg, au moment où le pope Gapone, dont le nom fut alors jeté dans la publicité, commençait à exercer cette influence unique qu'il a exercée sur la classe ouvrière de Saint-Pétersbourg. C'est lui qui prit en mains la direction du mouvement. C'est lui qui, de ce qui au début n'était qu'une grève dont les revendications proprement économiques étaient absolument légitimes, mais enfin, de ce qui n'était qu'un mouvement spécifiquement économique, fit en même temps un mouvement politique. Il avait compris que si les ouvriers voulaient triompher dans le mouvement présent et garantir la sécurité future de leurs conquêtes, il était indispensable qu'ils joignissent à leurs revendications économiques, des revendications politiques, qu'ils ne pouvaient pas se passer des garanties nécessaires que leur donnerait la liberté de la presse, de réunion, d'association et par dessus tout la participation des représentants de la nation au contrôle et à la législation.

44. C'est alors qu'ils rédigèrent ce qui demeurera la grande Charte du peuple russe, cette pétition qui devait, le 22 janvier, être portée au tsar, dans laquelle ils avaient inscrit, à côté de certaines revendications économiques dont la netteté et la précision, dont le caractère véritablement socialiste dépasse même en hardiesse un certain nombre de revendications des prolétariats organisés de l'Occident, — certaines revendications proprement politiques, et dans laquelle ils déclaraient que, tout en ayant pleinement conscience de leur classe et de ses intérêts particuliers, tout en étant décidés à livrer leur bataille comme prolétaires, ils étaient très loin de refuser le concours nécessaire de ceux qui livraient à côté d'eux la bataille politique. Ils n'étaient pas des libéraux, des constitutionnels, ils ne s'embarrassaient pas de toutes les questions dans lesquelles nos doctrinaires s'agitent à perpétuité, mais en même temps, ils avaient senti qu'il y a à l'heure actuelle, en Russie, deux problèmes étroitement connexes : le problème de l'organisation de l'État et le problème de la Société ; que tout ce que l'on donnera à la représentation nationale, aux droits du peuple, on le donnerait en même temps aux droits et aux intérêts du prolétariat. C'est à cette époque que nous assistâmes à des scènes inoubliables.

45. Le tsar peut se vanter d'avoir eu à ce moment, comme il l'a eu, à bien des reprises, une chance inespérée. On dirait que la fortune avait voulu lui offrir une dernière fois le moyen de réparer les fautes commises. S'il avait simplement consenti à recevoir au Palais d'Hiver la délégation qui lui était envoyée par les ouvriers grévistes de Saint-Pétersbourg, s'il avait consenti à recevoir de leurs mains les pétitions, à s'entretenir avec eux, quand bien même il leur aurait présenté des objections, quand bien même après cela, il aurait refusé de donner satisfaction à leurs plus légitimes revendications, soyez sûrs qu'il aurait prolongé et consolidé l'illusion néfaste dans laquelle a vécu si longtemps le peuple russe.

46. Ces ouvriers, ceux mêmes d'entre eux les plus avancés, qui avaient le plus nettement conscience de leurs intérêts prolétariens, ils avaient encore dans les coins de leur conscience et dans leur cœur un reste de la légende, un reste de la foi naïve dans le tsarisme. On leur avait si souvent répété, on leur avait tellement dit que le tsar était véritablement leur père, qu'il était au-dessus de toutes les classes, qu'il ne servait ni les intérêts de la bourgeoisie, ni ceux de telle section de son peuple, mais ceux de la nation tout entière, et qu'il voulait la servir tout entière, on le leur avait tellement répété qu'ils avaient fini par le croire et qu'ils le croyaient encore.

47. Quand, le 22 janvier, ils se mirent en marche, pacifiquement, sans armes, pour aller présenter au tsar, au Palais d'Hiver, leur pétition, ils avaient la ferme confiance que cette journée se passerait sans qu'il y ait de sang versé, qu'ils pourraient arriver jusqu'à celui auquel ils voulaient faire entendre leurs doléances, leurs plaintes et leurs revendications.

48. Mais on avait préparé autre chose. Quand, la veille, un certain nombre d'hommes de lettres, d'avocats, de publicistes qui avaient été informés de ce qui se préparait pour le lendemain, à la tête desquels était Maxime Gorki, voulurent obtenir du gouvernement, des ministres, la garantie qu'on ne ferait pas un traquenard, qu'on ne tendrait pas un piège à ce peuple pacifiquement en marche, vous savez comment ils furent reçus, vous savez qu'on les renvoya de Caïphe à Pilate, que M. Witte s'en lava les mains en disant qu'il n'était responsable de rien ; que le prince Mirsky refusa d'intervenir et qu'on les renvoya à des sous-ordres ; que pendant ce temps, l'Empereur se renfermait dans son Palais de Tsarskoïe-Selo et se refusait à écouter quoi que ce soit.

49. Mais il assumait la responsabilité terrible des événements qui allaient se dérouler. Quand ces ouvriers se mirent en marche, quand ils aboutirent dans ces larges voies à Wassili-Ostrow, au pont qui est jeté sur la Néva, ils trouvèrent devant eux les premières lignes des soldats ; ils étaient si persuadés que tout cela ce n'étaient que de vaines démonstrations, que les soldats allaient leur ouvrir fraternellement leurs bras, qu'ils s'adressèrent à eux et leur dirent : « Frères, amis, nous voulons lui parler, laissez-nous passer... » Ils ne répondirent pas ; les armes s'abaissèrent, les fusils partirent et ce furent des cadavres qui furent couchés sur tous les points par centaines.

50. Mais, à ce moment, à côté de ces malheureux qui tombaient pour ne plus se relever, il y a quelque chose qui tomba aussi. On aurait dit qu'il avait dû y avoir un symbole de ce qui se passait ce jour-là à Saint-Pétersbourg : le pope Gapone avait voulu qu'on portât devant cette foule en marche le portrait de l'Empereur, et aussi des icones : il était au premier rang : les premières décharges, les premières fusillades, avant même d'atteindre ces malheureuses victimes, renversèrent à terre et couchèrent dans le sang l'image du Tzar : il ne s'en relèvera plus ! (*Vifs applaudissements.*)

51. Et pendant que ce guet-apens était tendu sur le pont de la Néva aux délégués ouvriers et grévistes, sur la place du Palais d'Hiver, il se passait un drame plus sinistre et plus sombre encore : là, c'étaient des témoins, des curieux, des femmes, des enfants qui étaient venus dès le matin : comme il y a une espèce de petit square presque en face du Palais d'Hiver, ils étaient entrés, on les avait parqués, on en avait fermé la porte ; quelques-uns des gamins de Saint-Pétersbourg étaient montés sur les branches des arbres afin de mieux contempler ce qui allait se passer : sans qu'il y eût la moindre menace, le moindre péril, un officier des gardes donna un ordre, les fusils furent épaulés, les enfants dégringolèrent des branches, et il y eut des centaines de cadavres dans ce petit square.

52. Voilà ce qu'a fait le tsarisme ce jour-là ; il a cru que ce bain de sang lui serait profitable, que la bourgeoisie serait affolée, qu'elle se dirait que l'ère des démonstrations avait commencé, que la bataille dans la rue allait se déchaîner, il a cru qu'il allait d'un coup ramener à lui toutes les classes qui ont coutume d'être conservatrices par leur intérêt égoïste. Il s'est trompé heureusement ; par le sang qu'il a tiré au peuple russe en ce jour-là, à Saint-Pétersbourg, il n'a même pas affaibli le mouvement ouvrier...

X. — Impuissance du tsarisme.

53. Ne nous faisons pas d'illusion ; nous n'avons pas cru dès le premier jour qu'il suffirait que les ouvriers se présentassent devant le tsarisme, qu'il suffirait de faire deux ou trois fois le tour de ce Jéricho de l'autocratie pour que les murailles en tombassent. Nous savions très bien que la lutte serait longue, que la lutte serait redoutable, qu'elle coûterait des sacrifices terribles et qu'il y aurait beaucoup de victimes. Mais ils ont gardé le courage qu'ils avaient montré dès le début ; on s'est rendu dans leurs ateliers : ils ont refusé d'envoyer de nouveaux délégués. Quand on a voulu leur faire jouer je ne sais quelle comédie devant le tsar à Tsarkoié-Selo et quand le nouveau ministre de l'Intérieur a prétendu instituer une commission chargée de se pencher sur la souffrance et les plaintes de ces grévistes et de leur offrir je ne sais quelles satisfactions particulières au détriment de la cause générale, ils ne l'ont même pas écouté ; ils n'ont pas envoyé de représentants et il a dû clore sa commission avant même qu'elle n'eût commencé ses travaux.

54. Pendant ce temps, le tsar avait espéré, ses conseillers avaient cru que le moment était venu de donner quelques os à ronger à la bourgeoisie libérale, que le moment était venu de faire ce qu'on n'avait pas fait dans le rescrit de décembre dernier. Et c'est alors que se passe, au milieu de ces jours sombres, cette journée des dupes dans laquelle on fit paraître tout d'abord un manifeste au peuple russe, rédigé sous l'inspiration de Pobiedonotzef et un petit rescrit qui était en quelque sorte caché dans un coin du *Journal officiel,* dans lequel paraissait la promesse de faire une réalité du zemstvo national et de la représentation nationale.

55. Un souverain qui s'imagine qu'il peut jouer de pareils tours à son peuple, dont la politique est fondée sur ceci qu'il ne peut ni dire la vérité à son peuple sur son armée, ni à son armée sur son peuple, il aura beau se débattre pendant des jours, des semaines et des mois trouver des complices pour ses intrigues et ses habiletés, soyez sûrs que dans la lutte engagée à l'heure actuelle, le peuple triomphera. *(Applaudissements.)*

56. Et quand je dis peuple, je peux employer ce terme dans la plénitude de son sens. En Russie, à l'heure actuelle, le peuple tout entier ne s'est pas seulement levé à Saint-Pétersbourg, où il continue péniblement, difficilement, à travers je ne sais combien d'obstacles, la lutte commencée ; mais dans beaucoup de villes de province, les mêmes phénomènes ne se sont-ils pas déroulés ? Il n'y a pas une ville industrielle dans l'empire russe, que ce soit en Finlande, dans les Duchés, en Pologne, dans la Russie proprement dite, pas une ville où les mêmes phénomènes ne se soient reproduits, pas une où les grèves ne se soient déchaînées et n'aient fait verser du sang et où il n'y ait un fossé infranchissable entre les autorités administratives et les représentants du peuple ouvrier.

57. Et pendant ce temps, cette bourgeoisie, cette aristocratie, ces classes possédantes, et que l'on ne peut appeler dirigeantes, parce qu'il n'y a que des esclaves en Russie, mais enfin associées dans une certaine mesure à l'exercice de l'autocratie et de la dictature, que font-elles ? Est-ce qu'elles ont pris peur, est-ce qu'on a constaté un recul quelconque dans le mouvement libéral ? Détrompez-vous. C'est précisément à l'heure actuelle que se sont produits les quelques phénomènes principaux de cette campagne de libération, c'est à ce moment que quelques-uns des zemtsvos, reprenant leurs délibérations, ont pu apposer leur signature au bas de revendications qui les exposent à toutes les vengeances du despotisme ; c'est à ce moment que des assemblées qui ne sont pas des assemblées politiques, qui représentent telle catégorie spéciale de la bourgeoisie, comme les médecins, les avocats — cela se passait hier encore pour ces derniers — malgré les menaces du général Trepoff, rédigeaient des pétitions pour demander la convocation de l'Assemblée nationale.

58. Voilà ce que nous voyons d'un bout à l'autre de la Russie : le despotisme n'a pas su faire peur, il a versé vainement du sang, et quand on verse vainement du sang, on ouvre un compte dont on paiera tôt ou tard le crime soi-même. (*Applaudissements*).

59. Voilà donc, citoyens, où en est à l'heure actuelle cet infortuné Tsar, qui se débat dans son impuissance, qui ne sait qui écouter, qui le matin signe une proclamation réactionnaire pour l'après-midi apposer son nom sur un rescrit soi-disant libéral ; il ne sait ni opérer les réformes qui peut-être retarderaient le grand mouvement révolutionnaire en Russie, ni faire la paix qui s'impose à lui de toute nécessité à l'heure présente.

XI. — Le Rôle de la France.

60. C'est ici que nous assistons à un spectacle étrange, dans lequel — j'ai le regret de le dire — la France, telle qu'elle est représentée à l'heure actuelle, porte la responsabilité.

61. Le moment était venu pour le tsar d'envisager la situation faite à son armée en Mandchourie : il sait mieux que personne qu'il ne peut pas faire un effort profitable, il sait mieux que personne qu'il ne peut pas dégarnir de troupes son empire, qu'il est obligé de garder en Russie l'élite de ce qui lui reste de son armée, parce que la révolte éclaterait autrement de tous côtés et qu'il n'aurait plus d'hommes pour la réprimer ; il sait qu'il serait dangereux pour lui de procéder à la conscription, de vouloir faire des levées dans les provinces de son empire, parce que ce seraient d'abord des réfractaires, ensuite la révolte. Par conséquent, son armée de là-bas ne peut plus s'alimenter que par des troupes secondaires, improvisées en Sibérie et dans je ne sais quels recoins de son empire. Il sait d'autre part que la situation faite par la dernière défaite, à Moudken, a compromis les ressources en vivres et en munitions de son armée, qu'elle ne peut plus s'alimenter du côté de la Chine, où elle trouvait des facilités singulières, qu'elle peut être coupée de Vladivostock et que cette ville peut retrouver le sort de Port-Arthur : il sait tout cela et, en même temps, il n'ose pas se placer en face de la réalité, il n'ose pas comprendre que les conditions, qui n'ont pas été formulées officiellement par le Japon, mais qui sont connues de tout le monde, sont à l'heure actuelle la reproduction en quelque sorte, — sans doute avec quelques modifications — des conditions formulées en janvier 1904.

62. Tout le monde sait que le Japon a droit à l'heure actuelle d'exiger que la Mandchourie soit rendue à la Chine, comme on avait promis de le faire il y a déjà longtemps : tout le monde sait que le Japon a le droit d'occuper Port-Arthur, qu'il a conquis une seconde fois et qu'on ne retrouvera pas une triple alliance de la Russie, de la France et de l'Allemagne pour renouveler la faute de Simonosaki et lui intimer l'ordre d'évacuer une place qu'il a conquise. Tout le monde sait qu'il est légitime qu'on respecte son droit sur la Corée, qu'il a le droit qu'on modifie le régime des chemins de fer mandchouriens et qu'on le place sur une base internationale, que le Japon a le droit de demander le démantèlement de Vladivostok et tout le monde sait que si la guerre continue, le seul résultat que puisse obtenir le Tsar imbécile, ce serait purement et simplement d'augmenter encore les prétentions nécessaires de son adversaire vainqueur ; tout le monde sait que la diplomatie, à l'heure actuelle, est préoccupée de la question de savoir s'il évitera par une résolution opportune, prise à temps, la nécessité de payer une indemnité et la nécessité de céder au Japon tout ou partie de l'île de Sakhaline.

63. Voilà la réalité : il ne servirait de rien de la masquer. Si j'étais l'ami intime du tsar... (Rires) si j'avais auprès de lui le crédit, l'autorité qui appartiennent à l'homme d'État qui a bien voulu jouer dans les conseils de la République française le rôle de son ami et de son champion, je croirais ne pas pouvoir lui rendre de meilleur service que de le rendre attentif à cette nécessité inéluctable, que de lui dire de prendre garde, s'il persiste, de ne pas retrouver jamais une occasion si favorable...

64. Citoyens, ce n'est pas ce qu'a cru devoir faire le chef de la diplomatie française : il n'a jamais compris ni son devoir, ni la merveilleuse occasion qui lui était offerte, même pour rendre service à sa conception erronée de l'alliance : il s'est toujours conduit en subalterne, il s'est conduit en homme qui était trop fier et trop content de voir tomber sur lui l'aumône d'un regard de bienveillance de la part de son souverain le tsar. (*Applaudissements.*)

65. Tout récemment, des négociations se sont engagées entre de grandes maisons de crédit et le gouvernement russe. Dans le tableau rapide que je vous ai présenté de la situation de l'Empire, je n'ai pas cru devoir insister sur la situation financière : pourtant il n'est personne qui ignore qu'elle est grave : quand un grand journal anglais avait cru devoir publier une critique serrée et singulièrement documentée de l'état présent des ressources et du crédit de la Russie, n'est-ce pas un phénomène bien significatif que le ministre de ce grand Empire ait cru devoir écrire à un simple journaliste pour protester contre une assimilation qui lui semblait injurieuse ? Le journaliste anglais avait cru devoir dire que la caisse, le trésor de l'Empire russe, bien qu'il fût rempli de je ne sais combien de millions et même de milliards de roubles, lui rappelait vaguement le trésor de Mme Humbert... Le ministre des finances russes répondit en se fâchant, disant qu'il ne comprenait pas cette analogie insultante, qu'il croyait que le trésor de Mme Humbert avait été caractérisé par ce vide dont la nature a horreur... (*rires*) mais qu'au contraire, les caves de la Banque de Russie contenaient à l'heure actuelle en lingots et en espèces, si je ne m'abuse, 1.900 millions de roubles. A quoi le *Times* a répondu qu'il n'avait jamais contesté la présence de ces quantités d'or; qu'il suffisait, en effet, de jeter les yeux sur les comptes rendus financiers publiés périodiquement par l'empire russe ; mais, ce qu'il avait prétendu, c'est que depuis quelques années la Russie ne peut maintenir cette encaisse ; elle ne peut donner l'impression qu'elle est en mesure de faire face et maintenant et dans l'avenir à toute les obligations qu'elle a contractées et qu'elle contracte jour après jour, qu'en recourant à l'emprunt.

66. Chaque année, un certain nombre de bons citoyens français, américains même, anglais, un certain nombre de personnes qui ont épargné et qui ont mis dans un bas de laine le fruit de leurs économies et de leur travail se sentent pressés du besoin de prêter cet argent au Tsar lointain: ils s'imaginent qu'il ne peut pas y avoir de placement plus sûr, qu'un grand empire comme celui-là ne saurait jamais faire banqueroute, et chaque fois qu'ils envoient, si je prenais les chiffres publiés au cours de ces dernières années, vous pourriez constater que c'est par 500 millions de roubles que ces emprunts ont été constitués. Ils envoient purement et simplement là-bas l'argent qui sert d'une part à donner le semblant d'encaisse qu'on fait miroiter à leurs yeux, et, d'autre part, à payer les premiers intérêts, dont plus tard il sera plus difficile de faire le service.

67. Voilà ce qui se passe, et je ne peux m'empêcher de constater que véritablement un grand empire qui précisément a toujours fui la discus-

sion, qui n'accepte même pas de rendre compte à ses propres ressortissants, qui déteste le gouvernement représentatif, qui ne veut pas de
responsabilité, de contrôle financier, doit vraiment se trouver bien malheureux pour que le ministre des finances consente à entrer en polé-
mique avec un simple journaliste et lui demande de bien vouloir venir
à Saint-Pétersbourg jeter les yeux sur la réalité de l'encaisse, afin de
donner à l'opinion une caution que le ministre des finances ne peut
pas lui donner à l'heure actuelle.

68. Dans ces conditions, des négociations avaient été engagées avec ces
grands établissements de crédit français, qui se sentent probablement
forcés de jeter de bon or, après le mauvais or envoyé là-bas, afin d'éviter une crise trop rude et trop redoutable, et ces établissements qui
avaient commencé, en somme, par se montrer assez disposés à fournir
encore les fonds demandés et qui sont plus nécessaires que jamais à la
Russie, tout à coup, ils se sont retournés et ils ont cru devoir formuler
dans ces négociations un certain nombre de demandes qui ne portaient
pas seulement, croyez-le bien, sur des garanties fiscales et financières,
mais même sur certaines garanties politiques, je dirai presque sur certaines garanties constitutionnelles qui leur semblaient seules de nature
à garantir la sécurité de leurs fonds.

69. Quel eût été le rôle à ce moment d'un ministre républicain qui aurait
véritablement compris et ses devoirs et ses intérêts, quel eût été le rôle
d'un ministre qui, se rappelant combien d'or français a été engouffré
là-bas et à quoi il a servi, aurait eu conscience de la responsabilité d'avoir
soutenu, par notre autorité morale et nos finances, de l'argent de nos
petits épargnistes, ce régime tsarien ? Il se serait demandé s'il n'était
pas temps de mettre un terme à un pareil scandale. Est-ce qu'il n'eut
pas été naturel, légitime qu'il prît la parole, qu'il appuyât, s'efforçât
d'obtenir pour eux des garanties ?

70. Citoyens, il n'en a rien fait ; il s'est contenté de murmurer à l'oreille
du tsar les compliments et les flatteries qu'il n'a jamais ménagés, il s'est
contenté de lui décerner le titre de « tsar pacificateur », et il paraît qu'à
l'heure actuelle il n'a pas encore trouvé le moyen de lui retirer une épi-
thète que les événements ont singulièrement démentie... *(Sourires et
vive approbation.)* Et quand il cause avec lui, savez-vous ce qu'il lui
dit : « Majesté, si vous écoutez purement et simplement votre propre
raison, votre propre conscience, je suis parfaitement sûr que vous verrez
juste et que vous agirez conformément aux intérêts de votre autocratie
et de votre empire ». Et quand le tsar lui dit : « Mais, Monsieur Delcassé, j'ai le malheur de ne pas avoir de serviteurs aussi dévoués que
vous, de ne pas compter des amis qui soient aussi près de mon cœur
que vous, quel serait le conseil que vous me donnez ? » Croyez-vous
qu'il lui dise : « Majesté, il n'y a qu'un seul moyen de vous tirer de

l'embarras dans lequel vous êtes : d'une part, faites la paix le plus promptement possible, et d'autre part, accordez les réformes à votre peuple ?... » Il lui dit : « Je comprends qu'un grand empire comme le vôtre, une dynastie comme celle des Romanoff ne puisse signer la paix après avoir subi toutes les humiliations que vous avez subies ; tentez la fortune encore une fois ; jouez tout sur une carte ; ou bien vous l'emporterez, ou bien ce sera un désastre définitif... »

71. Et quant à la liberté, est-ce qu'il n'aurait pas à être le champion de la liberté, est-ce que quelque soit ce ministre des Affaires étrangères, quel que soit son passé, ses opinions, il n'est pas le représentant officiel de la République, du pays de la Révolution? Est-ce que nous ne sommes pas solidaires. de par notre alliance, avec le tsarisme, est-ce qu'il n'est pas de notre devoir de lui dire que si la France estime qu'elle peut continuer avec la nation russe, avec la Russie libérée, l'alliance qu'elle a été amenée à contracter il y a quelques années, il faut aussi que cette alliance puisse servir au bien de la nation tout entière, à l'émancipation de la nation tout entière, au triomphe des principes qui ont fait la grandeur et la force de la France? (*Vifs applaudissements.*)

72. Mais j'ai le regret de constater que dans ce domaine, comme dans bien d'autres. notre ministre des Affaires étrangères a beau jouir d'une espèce de pérennité, il a beau se perpétuer et se succéder à lui-même, année après année, à la tête de la diplomatie française, il a beau déjà compter au quai d'Orsay plus d'années que n'en eurent et les Talleyrand et les grands ministres des Affaires étrangères qu'a connus la France au cours du siècle dernier, il ne semble pas que pendant ce séjour si prolongé il ait fait son éducation de diplomate et d'homme d'Etat, il ne semble pas qu'il ait acquis des vues plus justes et surtout plus larges sur la politique qui devrait être la politique de la France.

XII. — Les maladresses du ministre Delcassé.

73. Je ne veux pas me détourner de ce qui est le sujet propre de notre entretien : mais pourtant, pour caractériser la psychologie de ce ministre que nous subissons depuis si longtemps. que nous subirons peut-être encore longtemps, il est impossible de ne pas faire allusion à ces événements bizarres auxquels nous assistons depuis quelque temps.

74. Voici un ministre qui, poussé par la force des événements, qui, contraint par une fatalité plus puissante que lui, a dû faire l'entente cordiale : il a dû se résigner à mettre son nom au bas du rétablissement de l'amitié qui existait jadis entre l'Angleterre et la France, et comme il n'a pas voulu que ce fût purement et simplement un pacte de réconciliation, il a voulu y ajouter certaines modalités ; il a négocié sur certains points et en particulier, il a voulu trouver le moyen de réaliser la grande pensée de son règne, comme le Mexique avait été la grande pensée du règne de Napoléon III : à savoir, la pénétration soi-disant pacifique du Maroc. Il s'est entretenu à cette époque avec toutes les nations d'Europe ; il a jugé à propos naturellement de communiquer ce pacte à l'Italie, qui est une nation méditerranéenne, il a jugé à propos de le communiquer à l'Espagne, qui est une nation méditerranéenne, qui a eu, elle aussi, des intérêts considérables au Maroc : la preuve en est qu'il a acheté son consentement assez cher, sans qu'il ait voulu nous en communiquer les conditions. Nous avons eu la surprise de voir qu'en Espagne, pays monarchique, le ministère communiquait non seulement aux chefs de la majorité, mais de l'opposition, le pacte conclu et qu'en France, pays républicain, ni majorité, ni opposition, ni bloc n'ont pu en obtenir communication.

75. J'aurais compris, citoyens, que M. Delcassé se renfermât dans ce qui a été son système diplomatique depuis l'origine de son pouvoir : M. Delcassé estime être l'héritier de Gambetta... Le grand malheur de Gambetta c'est qu'il n'a jamais eu comme héritiers que des hommes qui n'acceptaient que la moitié de ses idées et qui en faisaient de singulières erreurs. Gambetta, il a incarné avec une rare force ce qui était le sentiment de protestation universelle et légitime de la France contre l'outrage fait au droit en 1871 ; personne ne l'incarnait avec plus de puissance, d'éloquence et de force. Mais, est-ce que ce n'est pas lui qui, en 1879, huit ans à peine après la signature du traité de Francfort, avait compris que puisqu'il n'était pas possible et qu'il était même funeste de rouvrir l'ère des guerres en recourant à la loi du talion et en s'efforçant de reconquérir les provinces perdues par la force, n'est-ce pas lui qui avait compris que puisque nous devions entretenir des relations inévitables avec l'Allemagne victorieuse, il convenait de nous efforcer de rendre ces relations de plus en plus courtoises, d'éviter les malentendus et la mésintelligence, et c'était lui qui, dès 1879, avait cherché une entrevue avec le prince de Bismarck ?

76. Et voilà M. Delcassé plus de vingt ans après cette date, alors que cette longue période de temps s'est écoulée, que la France n'est plus dans la situation morale internationale où elle était à ce moment, qu'il est contraint, je l'en loue, d'entretenir des relations normales avec le cabinet de Berlin, il s'imagine que ce qu'il peut y avoir de meilleur pour la dignité de la France, c'est de faire la politique du poing dans la poche, de ne jamais adresser une parole courtoise et de traiter l'Allemagne en quantité négligeable et pour ainsi dire inexistante...

77. Alors, au moment où il contractait ce pacte, où il se préoccupait d'éliminer du Maroc toutes les difficultés pour la France et d'en faire table rase, qu'a-t-il fait ? Un beau jour, l'ambassadeur d'Allemagne se présente chez lui et là, au coin de son feu, en levant les pans de son habit, M. Delcassé, négligeant, jette la cendre de son cigare et se tournant vers l'ambassadeur, lui dit : A propos, vous savez, nous allons au Maroc ?...

78. Par conséquent, l'Allemagne était avertie. Il n'avait même pas l'avantage de ne pas lui avoir donné connaissance de ce qu'il faisait, mais il avait évité de lui donner le caractère authentique nécessaire pour obtenir une réponse authentique officicielle. C'est là le triomphe de sa diplomatie : depuis ce moment, il dit : « Que je suis donc fort, comme j'ai su mettre l'Allemagne de mon côté ! j'ai su lui parler sans lui parler, j'ai su lui notifier sans lui faire de notification. »

79. L'admirable invention ! Comme nous avons vu en sortir des conséquences bienfaisantes pour la France, pour sa politique au Maroc, pour M. Delcassé lui-même !

80. Je sais bien que cela a servi dans une certaine mesure son orgueil de grand ministre. Nous avons lu peut-être avec quelque étonnement, dans certains journaux, que la politique de l'Allemagne depuis quelque temps était dirigée par une seule pensée, qu'elle était hantée par l'idée d'un grand homme dont l'ombre gigantesque se répandait sur l'Europe tout entière et influait sur la politique impériale : il fallait se débarrasser de M. Théophile Delcassé. C'est par cela que la politique de l'Allemagne est dirigée à l'heure actuelle.

81. M. Delcassé ne s'est pas douté qu'il y a en Allemagne un souverain singulièrement inquiétant, qui nous a accoutumés à d'étranges boutades, à des incartades et à des équipées, un souverain dont je serai le dernier à louer la politique étrangère, qu'on a si bien baptisée la politique de la course à toute vapeur en zig-zag... (*Sourires.*)

82. Mais est-ce que ce n'est pas le devoir de la France de ne pas se prêter à toutes les équipées de ce souverain, à toutes ses boutades et à toutes ses incartades, de ne pas faire son jeu, de s'efforcer de faire le possible pour les paralyser, pour les neutraliser ? il n'y avait qu'un moyen de le faire : faire à son égard ce qu'on avait fait pour notre bonne amie et alliée, la Russie, alors qu'elle n'avait pas cru devoir nous communiquer ce qu'elle allait faire en Mandchourie, ni dire comment ses négociations marchaient avec le Japon, alors que nous allions perdre la garantie que nous devions trouver dans la puissance de son armée... Mais, quant à l'Allemagne, on n'en a rien fait : on s'est contenté de le lui signifier négligemment, en passant, et, à l'heure actuelle, nous nous trouvons en présence, non pas seulement de l'Allemagne, mais des Etats-Unis, auxquels M. Delcassé n'a pas fait la politesse de la communication et il s'est trouvé à un moment donné dans cette singulière situation : les Etats-Unis avaient des ressortissants au Maroc, grecs de naissance et qui ont été arrêtés par des brigands... Les Etats-Unis s'inquiètent, ils envoient une flotte, demandent à M. Delcassé, naturellement, en vertu du pacte conclu avec l'Angleterre, de bien vouloir sauver leurs ressortissants et de les leur rendre. M. Delcassé le fait, il a raison, mais n'avait-il pas là une occasion merveilleuse de dire aux Etats-Unis : « Vous me demandez d'agir en vertu de ce pacte : reconnaissez-le donc ! Je vous le signifie, et désormais il aura une valeur authentique à votre égard... »

83. Il ne l'a pas fait : il s'est tu et, à l'heure actuelle, toute sa politique consiste à se taire : à se taire à l'égard de l'Allemagne, à se taire à l'égard des Etats-Unis, à l'égard de ses collègues, à l'égard du Sénat, à l'égard de la Chambre, il se tait à l'égard de l'opinion publique : il n'y a qu'un seul endroit où il parle : c'est à Saint-Pétersbourg ! (*Applaudissements.*)

XIII. — La Paix et la Révolution.

84. Et à Saint-Pétersbourg, nous ne savons que trop ce qu'il dit : ce n'est pas ce que la France veut qu'on dise à l'heure actuelle ; elle veut qu'on parle un langage digne d'elle — je ne parle pas de notre France socialiste, qui n'a jamais accepté les pactes d'hostilité et de guerre, de la France qui veut la paix, qui ne veut pas la paix armée, je parle même de la France qui jusqu'à présent s'était laissée entraîner par ce mirage, égarer par cette illusion, qui a enfin ouvert les yeux devant les leçons de la guerre.

85. Ce qu'elle veut, c'est que l'allié sur lequel elle a compté ne périsse pas tout entier, c'est que la guerre ne se prolonge pas jusqu'au moment où l'on ne pourrait plus en sortir que par une humiliation sans nom ou un désastre prolongé indéfiniment : ce qu'elle veut, c'est que le tsar ait enfin le courage de dire non pas : « J'ai commis une faute » Il ne s'agit pas de faire amende honorable devant la cathédrale de Kasan avec un cierge au poing, la corde au cou et en chemise, nous ne lui demandons pas cela, mais de faire ce que la raison lui indique : de faire la paix, parce que son peuple en a besoin et la veut : et quand il aura fait la paix, qu'à ce moment il se tourne vers sa nation et qu'enfin il lui rende les droits qu'il lui a enlevés il y a deux siècles, droits qui lui avaient été enlevés par des hommes de génie. Le génie, il ne justifie nullement ces confiscations : quand bien même on est Napoléon qui revient d'Italie, on n'a pas plus le droit de faire Brumaire que celui qui ne venait que de Boulogne ou de Strasbourg. Mais enfin, il y avait une certaine justification historique apparente : c'étaient de grands Tsars, ceux qui avaient constitué l'unité, qui avaient même su dominer dans une certaine mesure cette Église qui avait joué un rôle si considérable dans l'histoire de la Russie, ils avaient pu s'arroger à un moment donné la toute-puissance.

86. Il s'était passé ce phénomène singulier que c'était quand les Romanoff étaient arrivés au pouvoir, quand le fils d'un patriarche, d'un métropolite était monté sur le trône, que l'Église avait été définitivement abaissée et asservie et qu'on avait supprimé ce qui avait été jusqu'à présent sa tête, à savoir le patriarcat. Et maintenant, savez-vous la grande réforme qu'on offre à la Russie, quelle est l'émancipation qu'on va lui donner pour tromper les besoins du peuple ? Les ouvriers demandent du pain et de la justice ; les classes libérales demandent la liberté, et on va leur restituer le patriarcat ecclésiastique. C'est avec cela qu'on espère leur donner satisfaction.

87. Eh bien ! il faut que le tsar se détrompe ; il aura beau faire, nous ne lui dirons pas de choses contraires à la vérité : il n'arrêtera plus la révolution ; elle sera lente ou rapide, sanglante ou pacifique, mais elle sera, et ce qui dépend de lui, c'est de lui donner un caractère plus pacifique, c'est d'empêcher qu'on ne soit acculé à l'emploi de ces moyens redoutables, s'il refuse toute expression libre à l'opinion. S'il continue à enchaîner la presse, s'il n'écoute aucune représentation, s'il s'assied sur toutes les soupapes de la machine, il faut que la machine saute un jour et le tsar avec, et ce sera justice ! (*Applaudissements prolongés.*)

TABLE

L'EMANCIPATRICE (Imprimerie communiste), 3, rue de Pondichéry, Paris — 10739 12-05.